당신

허영숙 시집

당신

인쇄 2021년 11월 25일
발행 2021년 11월 30일

지은이 허영숙
발행인 서정환
펴낸곳 수필과비평사
주소 서울시 종로구 삼일대로 32길 36(운현신화타워 빌딩) 305호
전화 (02) 3675-3885, (063) 275-4000·0484
팩스 (063) 274-3131
이메일 sina321@hanmail.net, inmun2013@hanmail.net
출판등록 제300-2013-10호
인쇄·제본 신아출판사

ISBN 979-11-5933-378-1 03810

값 10,000원

저작권자 ⓒ 2021, 허영숙
이 책의 저작권은 저자에게 있습니다.
서면에 의한 저자의 허락없이 내용의 일부를 인용하거나 발췌하는 것을 금합니다.

허영숙 시집

당신

수필과비평사

책머리에

팔십 넘어 살아온 세월에 만난 당신들
기쁨을 준 당신
고통을 준 당신
용기를 준 당신
실망을 안겨준 당신
배신의 쓰라림으로 괴로움을 준 당신
희망의 새 아침을 열어 준 당신
온유하고 따뜻한 마음으로 감싸준 당신
책에 그림을 그려준 고마운 당신
무료함에 젖은 시간에 되돌아보는 당신들

앞으로 만날 당신들을 따뜻한 정으로 사랑하며 살고 싶다
헤어지는 시간이 오면 진정으로 슬퍼하는
당신이 옆에 있기를….

2021 가을
허영숙

차례

책머리에

Part 1
3월은 3빡하게 웃고

기억하겠습니다 · 014

복 많은 여자 · 016

복 많이 받으세요 · 017

죽어도 오고 마는 내일이 두렵다 · 018

진돌이 · 019

친구야 · 021

삶의 시간표 · 022

4월이 가고 · 024

10년을 더 살 수 있다면 · 025

3월은 3빡하게 웃고 · 026

가을 여심 · 028

소리 · 030

Part 2
꽃비가 내리는 날

설빔, 그립다 · 032

고맙다 · 033

꽃비가 내리는 날 · 035

꿈 · 036

꿈으로 가는 길 · 037

떠나는 가을에게 · 039

비가 내립니다 · 041

빈방의 울림 · 043

사랑한다는 거짓말 · 045

꼭짓점 · 046

별 헤는 밤 · 047

말 말 말 · 048

Part 3

숲속 정령들의 합창

산새가 하산을 재촉하는 · 049

살맛나는 세상 · 051

세미원 연꽃 축제 · 053

숲속 정령들의 합창 · 055

숲의 보물 · 057

아직도 꿈을 꾸고 있네 · 058

안 가본 길 · 059

어쩌나 · 060

어머니 · 062

둘째 손자 · 063

어서 말해 보렴 · 064

엄마 빨리 와요 · 065

삶 · 066

Part 4

이 또한 사라지리라

엄마냐, 맘충이냐 · 068

엄마의 얼굴 · 071

당신의 마음 · 073

길 · 074

에덴의 동쪽 · 076

오늘 하루 · 077

그런 사람 있으면 · 078

명품시계 · 080

오묘한 하느님의 선물 · 081

이 또한 사라지리라 · 082

이웃집 · 083

소풍 · 085

인연 · 086

Part 5

한강을 노래한다

조팝나무에게 · 088

코스모스 찬가 · 089

한 장의 사진 · 090

한강을 노래한다 · 091

상처 · 092

누이의 그림 · 093

눈물이 난다 · 094

눈을 떠요 · 095

임을 기다리는 밤 · 097

당신의 도장 · 099

당신 숨지 말아요 · 100

아네스 안녕 · 101

Part 6
나무들의 합창

나무들의 합창 · 104

당신의 하늘나라 · 106

당신의 자서전 · 108

너는 너, 나는 나 · 109

가을 · 111

선물 · 112

그래도 · 114

길 · 116

낙타는 사막을 걷는다 · 118

과천서울대공원 벚꽃놀이 · 120

날 봐요 · 121

너 거기에 왜 있니 · 122

Part 7
사랑은 눈물의 씨앗

눈이 왔어요 · 124

어떤 오해 · 125

당신 왜 이래요 · 126

당신에게 · 128

긴긴 하루 · 130

만천홍에게 · 131

알려 주소서 · 132

어버이날의 선물 · 135

사랑은 눈물의 씨앗 · 137

이십대 꼰대 · 138

이웃집 2 · 140

서라벌 다방 · 142

당신 천사가 데리러 오고 있어요 · 144

Part 1

3월은
3빡하게 웃고

꿈을 꾼다
"이제 그만 약을 드셔도 됩니다."
그때는 나도 3월에 3빡하게 웃으리라

기억하겠습니다

 많은 사람들의 추앙과 존경심을 받고 살던 저명인사가 산에서 자살한 채로 발견되었다고 텔레비전 화면에 그 사건으로 도배한 날

 등산복 차림에 등산 가방 메고 모자를 쓰고 고개를 숙이고 관저를 나선 그 사람
 이유도 지저분한 얘기들이 무성했지

 그 사람의 자살하기까지 행적들을 도표를 그려가며 추리해 보았다

 유서 마지막에 "여러분 모두 안녕"이라는 인사말은 더더욱 이해가 안 되는 말
 불우이웃 돕기에 앞장서고 도덕적으로 존경 받고 살았던 선의의 사람인데 자신의 추문에 사과 한마디는 있어야 하지 않았을까?
 "기억하겠습니다. 잊지 않겠습니다."

며칠이 지나자 떠난 사람 얘기는 더 회자되지 않았다
이해할 수 없는 일들의 홍수 속에 살고 있는 우리 모두 제정신이 아닌 것 같다

복 많은 여자

아침 8시에 걸려온 보스턴에 살고 있는 친구의 전화
"널 보고 복 많은 여자래."
내가 쓴 책을 읽고 하는 말이란다.
복 많은 여자라는 친구 말이 가당치가 않다

11년째 기저질환 환자로 독한 약을 먹고 살고 있다

외국에 사는 교민들은 항상 고국을 그리워하고 "너처럼 외국 여행 많이 한 사람들을 부러워해."
무슨 항변을 더 늘어놓을 수 있나. 늙으면 다 아픈 거고, 여행을 많이 한 내가 복 많은 여자라는데야….

복 많이 받으세요

"송구영신, 근하신년, 새해에는 가내 다 편안하시고 건강하세요."
 자정을 4시간 남겨 놓은 밤 8시
 창밖엔 둥근 보름달
 저 달도 새해맞이 준비를 한 듯 고즈넉하게 빛을 발하고 있다. 당도하지 않은 새해를 위한 인사가 기다리고 있다

 "복 많이 받으세요."
 받고 싶은 복을 그려 본다.
 '내 발로 걷게 해 주세요.' '밥을 맛있게 먹게 해 주세요.' '다정한 이웃들과 예쁜 대화를 나누며 행복한 시간을 갖고 싶어요.' '잠을 맛있게 자고 싶어요.' '배가 자주 아파요. 아프지 않으면 좋겠어요.'

 아, 이런 소망들이 새해의 꿈이라니…
 하느님, 소박한 제 꿈 들어주시지요?

죽어도 오고 마는 내일이 두렵다

9월 9일 S병원, 오른쪽 눈 백내장 수술을 받았다

한 달 동안 눈에 물이 들어가면 안 된다는 주의 사항과 세 가지 눈약을 차례로 넣고 안대로 오른쪽 눈을 가리고 자야 하는 까다로운 절차를 지키며 지냈다

작년 9월 20일 S병원에 두 손목에 골절상을 입어서 박아 놓은 철심을 빼는 수술을 하기 위해 입원을 했다

추석 전야, 세기의 가황이라 부르는 가수가 「아! 테스형」이라는 노래를 부른다. 심쿵! 그 무렵 난 세상 걱정 다 짊어진 노인으로 하루하루 살기가 힘들었다

"그저 와준 오늘이 고맙기는 하여도, 죽어도 오고 마는 또 내일이 두렵다 아! 테스형."
오늘도 이 노래를 듣고 또 들으며 내일은 어떻게 지내나, 내 자신에게 묻고 또 묻는다

진돌이

통금 시간이 지나도 집으로 들어오지 않는 남편
거실에서 창밖을 내다보고 있노라면
진돌이도 제 집에서 나와 마당에 앉아서
두 눈을 껌벅거리며 나와 함께하였지

'너와 나' 단둘이 긴 밤을 깨어 있었다

진도가 고향인 남편 친구가 일 년 전에 한 달 된 너를
잠바 속에 품고 배를 타고 와 우리에게 준 선물

큰아들이 5학년 때 우리는 서초동에 있는 아파트로 이
사를 하면서 널 세든 사람에게 맡기고 떠났지
두 눈을 껌벅이며 짐차가 떠날 때까지 열린 대문에 서
있던 너
서운하고 미안함에 자꾸 뒤를 돌아보았단다
그 후로 밥을 주면 밥그릇을 엎어버리고 밥을 먹지

않는다는 세든 사람 전화를 받고 널 보러 갔지
   골목 입구에 들어서면서 '진돌아' 부르자 너는 내게로 달려왔지

   수의사를 불러 너를 달래던 일
   집을 나간 네가 밤이 되어도 안 들어와 파출소에 가출 신고를 한 일…
   이사 간 주인을 찾아 다니다가 지쳐 돌아온 것 같다는 얘기를 듣고 마음이 아팠는데
   갑자기 네 생각이 났어
   오늘따라 내 곁을 지켜주던 네가 그립구나

   밤마다 날 지켜주던 진돌아, 난 지금도 널 잊지 못한다

친구야

코로나19가 기승을 부리던 때였다
네가 넘어져서 대퇴골 수술을 받고 집에서 요양중이라는 소식을 듣고 현관 벨을 눌렀다
마스크를 쓴 도우미 아주머니는 문을 열어주고 인사도 없이 부엌으로 들어가 버리고 응접실 소파에 앉아 있는 너는 마스크를 쓰고 말이 없다. 겨우 안부 몇 마디 묻고 식은 커피 한 모금 마시고 현관문을 열고 나왔지

난, 코로나 양성 환자도 아니고 격리 대상도 아니고. 누구를 위로해 주려고 나설 형편도 어려운 기저질환 환자인데…

돌아오는 마음 한가운데 싸늘한 바람이 휘돌아쳤다
얄팍한 정을 벗을 때가 왔구나

삶의 시간표

일산병원 영안실에 남편 친구의 딸 장례식장에 가는 길
장대비에 세찬 바람이 불었다
바지, 윗도리 티셔츠…
온몸이 다 젖었다
이제 나이 54세
영정 속의 젊은 딸은 분홍빛 모자를 쓰고 웃고 있다
웃고 있는 젊음을 바라본다

20년 전에 미국으로 이민 갔는데 유방암 진단을 받고 귀국해서 수술을 받고 다시 2년 만에 간으로 전이되어 세상과 작별한 것이다
오랜 타양살이에 스트레스가 많았나, 중얼거리며 영안실을 나왔다
밖은 여전히 빗줄기가 무섭게 내리붓고 있었다
빗속을 달리는 차 안에서 어둠침침한 창밖을 보며 팔

십이 넘은 나 같은 노인이 가야 할 길을 먼저 간 것 같아 안타까움에 마음이 울적하다.

　삶과 죽음은 내 시간표가 아니고 하느님 당신 시간표지요?

4월이 가고

겨울바람에 숨죽이며
마른 나무 잎새들 속에 웅크리고있던 생명들이
살랑살랑 불어오는 봄바람에
'나 여기 있다'고 고개를 쏙쏙 내민다.
온 천지가 파랗고 노랗고
분홍빛 꽃으로 가득한 생기 넘치던 4월

4월이 떠나고 5월이 떠나고 6월이 떠나고…
모두가 우리 곁에서 작별을 고할 때
그때 내 삶을 셈해 보리라.
떠남이 언제 오려는지….

10년을 더 살 수 있다면

 말기암 환자와 매일 대면하는 의사가 환자들이 제일 많이 듣는 말은
 "선생님, 약 잘 먹고 10년만 더 살면 좋겠어요."
 10년이 더 주어지면 뭘 하고 싶을까?
 나에게 10년을 보너스 삶으로 준다면?
 난, 여행을 떠나고 싶다
 잘 걸을 수 있는 즐거움, 보는 즐거움, 들을 수 있는 즐거움…

 이 세상 곳곳은 하느님의 오묘한 작품들이다

 죽음이 세상보다 더 두려운 것은
 외로움과 고통 속에서 맞이하게 될지도 모른다는 불안
 그걸 두려워한다는 말은 내게도 숙제처럼 남아있다

3월은 3빡하게 웃고

뒷산 언덕 개나리 꽃망울 터트리려고 기지개를 켠다
모처럼 산에 올라 봄 냄새 맡는다
여기저기 낯익은 나무
작년 첫 추위에도 의젓하게 서 있던 조팝나무는 어디로 갔는지 안 보였다.
서운한 마음으로 집으로 돌아왔다
봄기운이 새롭게 솟아나면, '나, 여기 있어요.' 조팝나무 인사하겠지

11년째 되풀이되는,
"3개월 후에 봅시다."
종양 약을 먹고 3개월에 한 번씩 찍는 C. T. 사진, X레이 사진, 피 검사.
모니터에 뜬 결과를 보며, 의사 선생님은 3개월 후에 보자고 한다
하늘은 파랗고 봄 향내는 하늘까지 닿았다

꿈을 꾼다

"이제 그만 약을 드셔도 됩니다."

그때는 나도 3월에 3빡하게 웃으리라

가을 여심

오후 햇살이 좋을 때 산책길에서 가을을 만난다.
담장에 붙어 길게 늘어진 호박 줄기에 호박꽃 두 송이
차가워진 날씨에
호박꽃은 활활 타오른 지나간
여름, 그 따가운 볕을 그리워하나 보다
호박꽃에 매달린 엄지 굵기의 호박이 안쓰럽게 버티고 있다
가는 가을 막아 보려는가?

무성한 숲 사이에 감나무 한 그루
감꽃이 거센 태풍 바람에 다 떨어지고 겨우 감 두 개만이 가지에 매달려 있다. 살이 오르지 못한 감은 가을하늘 아래 창백하다

창밖 하늘 구름 한 점 없이 푸른
높이 오른 가을하늘이다

어느 틈에 물들었는지
거실 창밖 참나무 잎들이 노란 꽃을 피우고 있다
세월에 무심한 사이 가을이 저만큼 가고 있다
추위에 약한 몸을 감싸느라 세 겹으로 껴입은 내 옷 무게만큼이나 내 감성도 마음 깊이 꼭꼭 숨어 버렸다

소리

소리가 있었다
소나무 숲을 가로지르며 들려오는 바람 소리
먼 곳 바다에서 들려오는 파도 소리
꿈꾸던 소녀 시절에 들려오는 소리는 늘 나를 꿈꾸게 했다

도시의 자동차 행렬이 내뿜는 바퀴 돌아가는 소리
낮에도 밤에도 오른쪽 귀를 간지럽히는 소리
이건! 이명 소리!
케케묵은 세월의 딱지에
소녀 시절의 소리는 들려오지 않는다

Part 2

꽃비가
내리는 날

꽃비가 내리는 날은 내 마음에도 꽃비가 내린다.
어두운 생각들은 멀리 떠나 보낸다.
꽃비 따라 걸으며 웃는 하루 행복했어라.

설빔, 그립다

추석과 설, 가족 모두 모여 윷판을 벌인다
일등부터 꼴등까지 상품이 푸짐하다
식구들이 웃음을 모아 정성들여 던진 윷
'개', '도'가 나오면 던진 쪽은 에이, 탄식을 한다.
잡고 잡히고…
3판 윷놀이 끝나고 상품들을 챙기며 웃음꽃이 핀다

이번 설에는 다섯 명 이상 모이면 신고한다고 하니 딸네 식구는 아침 저녁 나누어 오고 손자들은 설 다음 날 세배 온다.
"이번 설은 설 같지 않았어요. 재미없었어요."
할머니가 몇 년 만에 끓인 떡국을 두 그릇이나 먹으며 푸념하는 손자들을 보니 옛 설 명절이 그립다

고맙다

내 두 다리로 설 수 있다
내 두 다리로 걸을 수 있다
앉았다 섰다를 힘들이지 않고 할 수 있다
아, 당연한 것에
나는 왜 감동하는가

며칠 전 밤중에 화장실을 가려고 일어서는데
왼쪽 종아리에 힘이 없어 설 수가 없었다.
요 며칠 걷기운동을 많이 했더니 다리 근육이 경직된 모양

이제 알겠다
팔십 년을 봉사해준 고마운 내 두 다리

꽃비가 내리는 날

대공원 호수에 꽃비가 내린다
미풍에 벚꽃이 하늘하늘 춤을 춘다
호수 위에 꽃잎들은 점점이 수를 놓는다
꽃비 내리는 날은 내 마음에도 꽃비가 내린다
어두운 생각들은 멀리 떠나보낸다
꽃비 따라 걷는 오늘 하루 행복했어라

꿈

꿈속에 사는 소녀가 있었어요
그곳에 가면 꿈을 이루어 줄 임이 있을 것 같았어요
임을 찾아 온 밤을 헤매고 다녔어요

소녀는 어디에 마음둘 곳이 없었어요
삶은 냉정하고, 외로움은 켜켜로 쌓여 가는데….

기다려 볼래요
새봄이 오면
창밖에선 까치가 재재거리고,
눈이 부시도록 새파란 나무 잎사귀들이 손짓해요

'희망의 날이 오고 있단다
네 모든 슬픔을 가져갈…'

꿈으로 가는 길

길을 따라 터벅터벅 걸어가면
꿈의 길이 열릴까
반짝이기도 하고, 은빛으로 찬란히 빛을 발하기도 하는 길

자꾸만 갑니다
꿈의 궁전으로….
아까시 향내에 콧숨을 쉽니다
가시덤불을 헤쳐가며 걸어갑니다

꿈의 궁전엔 꽃들이 만발하고 새들의 합창이 어우러진
낙원이 있겠지요

떠나는 가을에게

단풍 들어 곱던 잎들이 빛을 잃어간다
감상에 젖어 지내던 시절
샛노랗게 물든 은행잎,
빨갛게 물든 단풍잎들이
세월에 젖어 책갈피 속에서 박제가 된 단풍잎이 미소 짓는다

바람이 불며 우수수 떨어지는
아파트 앞 돌담장 숲속에서 발견한 팔뚝만 한 호박 한 개
호박잎들은 찬바람에 생기를 잃었는데 호박은 아직 건재하다

이 가을이 내게 준 선물, 호박!

비가 내립니다

서글픈 여인의 애상가인 듯
비는 멜로디를 가진 선율이 되어 흐릅니다
주룩주룩 내리는 밤거리를 걷고 싶습니다
흠뻑 비에 젖어 보고 싶네요

어느 처마밑에서 떨고 섰을 방황하는 소년의 눈물인가요?

비가 오는 날
정처 없는 길손의 여정에 올라
방랑의 길을 가고 싶은 마음입니다

빈방의 울림

덜거덕

지지직

가슴이 출렁댄다

나 혼자 사는 집

냄새가 없다, 사람 냄새

어느 누구는 혼자 말한다지,

'커피 한잔 마셔야지.'

'조간신문 왔나?'

현관문을 열고 신문을 들여온다

거실 의자에 앉아 신문을 펼쳐 본다

아침은 고구마 한 개, 찐 계란 한 개, 두유 한 컵.

오전 9시, 평화 방송 미사를 본다.

예수님 만나는 시간

기도한다

평화를 주소서

온유한 마음으로 오늘 하루를 살게 해 주소서

언제나 내 곁에 함께하는 당신

빈 방이 가득찬다

사랑한다는 거짓말

새벽 1시 잠이 안 온다.
운전대를 내려놓아야 한다고
운전대를 놓으면 죽음 길이 금방 앞에 다가온다고
85세 남편은 화를 낸다
대안을 내놓는 남편
타다택시를 부르면 어딜 가든지 문제가 없다는 나
운전 못하게 하는 아내의 말에 심술이 다닥다닥

말이 안 통하는 남편
사랑은 상대방의 의견을 경청하는 것인데…
아, 이 사랑한다는 거짓말

꼭짓점

  삼각형 꼭짓점은 반도 아케이드와 소공로 거리에서 완성되었다
  이쪽 길, 저쪽 길로 열심히 달려가 도달한 꼭짓점에서
  삶은 거침없는 내리막길로 내달았다

  좌로 우로 돌아볼 여유도 없이 쫓기며 사는 시간들
  꿈이길 바랐다
  베갯머리에 누워 잠 못 이루고 지난 세월들
  팔십이 훌쩍 넘은 나이, 망연히 서성이며 노래한다

  안 가본 길을 갔었다면 그 길이 꽃길이었을까?
  장대비를 몰고 퍼붓는 세찬 비를 보며 묻고 또 묻는다

별 헤는 밤

제주 서귀포 호텔
바다가 보이는 4층 룸
등을 켜지 않았다
별이 뜨나 기다리는데
슬며시 서쪽 하늘에 별 하나 떴다

창가에 다가가 별이 쏟아져 내리는 걸 기다린다
밤이 깊어 가는데
한 개의 별빛만 유난히 빛을 낼 뿐
더는 별이 뜨지 않는다

커튼을 쳤다
방에 등을 켰다
희미한 불빛에 파도소리만 넘실댄다

쏟아져 내리는
별 꿈을 꾸며
잠 속으로 빠져들었던 밤

말 말 말

말이 많이 쌓여 있다
하고 싶었던 말
참아야 했던 말
생각만 해도 분이 치올라 참느라 힘들었던 말
사랑한다 보고 싶다 삼켜 버린 말

"쏟아내야 해."
"참고 살면 병이 돼, 마음의 병."

돌아보니 참고 산 말이 긴 세월의 강줄기를 이루었네

Part 3

숲속 정령들의
합창

아하! 예쁜 꽃 피면, 우리 노래하자. "봄, 봄, 봄이 왔어요."
하느님의 오묘한 신비에 봄이 눈을 뜨는 게 아닐까.

산새가 하산을 재촉하는

캄캄한 어둠이 내려앉은 오솔길
여기저기 귀뚜라미 귀뚤귀뚤
산새들 울음소리 밤을 깨운다
앞서거니 뒤서거니 말을 잃은 친구들 발밑을 더듬는다

새벽같이 배낭을 메고 집을 나선 친구들
백운대 정상에서 "야호, 야호" 소리치다, 산그늘이 산을 휘돌아 감을 때
오던 길 앞만 보고 걸었지

멀리 불빛이 보였다
다, 내려왔다
휘영청 환한 달빛은 산을 감싸고 있었다

살맛나는 세상

며칠 전 아침 남편이 왼쪽 다리를 절었다
아들한테 전화를 했다
그날은 일요일
"내일 아버지 모시고 병원에 가야 하니 9시까지 집으로 오너라."
"갑자기 오라고 하면 어떻게 해요. 나도 계획이 다 있는데…."

죽음이 다가왔을 때 아들한테 미리 전화해 두어야겠구나
'엄마는 사흘 후에 저세상으로 갈 테니 계획 세우지 말고 엄마 보내달라고.'

어떻게 기른 아들인데,
아들 눈치를 봐야 한다니….
창밖 먼 하늘을 바라보았다

세미원 연꽃 축제

양수리 연꽃 축제에서는
밀려오는 차들 또한 장관이다
그곳에 코로나19는 없었다
연잎밥을 먹고 세미원에 입장
돌다리를 밟는다
양수대교 다리 밑의 강바람이 시원하다
한잠 달게 자고 싶다
활짝 핀 연꽃을 셀카에 담는다
청초하고 고고한 연꽃의 자태에 포획되어
걷다 보니 5백 년 느티나무 앞

두물머리 강물을 바라본다
북한강 남한강이 같이 만나
함께 도달하는 종착지는 어디쯤일까?
강을 뒤로하고 사진이나 찍을 수밖에

숲속 정령들의 합창

"입춘이야."
"그런데 하늘이 왜 흐리지?"
"눈 올 것 같아."
"꽃샘추위야."
"웅크리고 있는 숲의 나무들을 흔들어 새순이 돋우라는 게지"
"벌써 새순이 돋아나고 있네."
"새들이 푸드덕 날개를 활짝 펴고 하늘을 날아다니는 걸 보니 지긋지긋한 추위는 떠난 거야."
"우리 노래 부르자."

"봄, 봄, 봄이 왔어요."
하느님의 오묘한 신비에 봄이 눈을 뜨는 게 아닐까

숲의 보물

어서 오렴
나의 넓은 가슴속으로
우리를 괴롭히던 번민, 슬픔, 고통, 후회
모두 푸른 하늘 저 먼 곳으로 날라가 버렸다

숲이 속삭인다
보물이 여기 있네,
또 여기도 있네

아직도 꿈을 꾸고 있네

두 손자는 대각선으로 앉아서 둘이만 이해하는 대화를 큰 소리로 말하고 있다
할머니 만나러 와서도 핸드폰만 들여다본다.
그렇게 한참 떠들더니 두 손자는 이내 카톡에 빠져든다
한 달 만에 만나는 손자들
지난 추억 거리를 얘기하며 웃어 볼까 기대는 물거품이 되었다

젊은 세대, 그들만의 세계가 있다는 것을 난 또 잊었다

꿈 깨라
이 할머니는 언제쯤 철이 나려나?

안 가본 길

"그리운 사람끼리…"
흐릿한 하늘을 이고 어둠이 내리는 밤
박인희의 노래는
그리움을 생각하게 한다

그리운 시절이 있었을까?
삶의 끝자락에서 뒤돌아본다
그때 갈림길에서 안 가본 길 갔다면 지금은
웃고 있을까
슬픈 표정일까

'가지 않은 길'을 그리워하는
그리움의 하루도 그리워지는 시간들
두 손을 잡고 도란도란 속삭이며
웃으며 걸어가는 길

그리운 길

어쩌나

암이 전신으로 퍼져서 살날이 열흘 남은 당신
호스피스 병동에서 다가오는 그날을 기다리던 당신
기적처럼 통증이 없이 30일을 살고 떠난 당신
누운 당신의 얼굴을 바라보니 벌써 천당으로 올라간 평화로운 인상이었지요.
평소에 절도 있는 생활로 다른 사람의 모범이 될 삶을 사신 당신
매일 기도, 성경 필사, 운동, 가사 돕기…
건강은 백 세를 바라본다고 부러움을 사던 당신!
떠남마저 모두의 부러움을 받으며 미소 띠며 떠난 당신

어쩌나!
당신 아내는 요양병원에서 당신이 자기 곁을 떠난 지도 모르는데….

홀로 떠난 당신

만남은 일체이지만

헤어짐은 각자 가야 하는

이생의 슬픔 다 벗어놓고

천국 아름다운 꽃밭에서 행복하소서

어머니

오늘밤 따뜻한 얘길 듣고 싶어요
"딸아, 꿈을 간직해라."
"고운 마음씨를 간직해라."

오늘밤은 엄마 품에 안기고 싶어요
"밤 깊은 길을 걸어오느라 무섭지 않았니?"

사춘기 딸의 변덕에 실망하지 마셔요
어머니도 그런 적이 있었지요
어머니 멀리 가지 마세요
슬프답니다
어머니한테 사랑 받는 딸이 되고 싶어요

둘째 손자

"사랑하는 할머니

제가 어릴 적에 할머니께 드린 말씀 기억하시지요.

35살이 되는 해 대통령이 된다고 호언했었죠.

자라면서 이는 불가능한 일이라는 걸 깨달았습니다.

비록 대통령은 못 되더라도 할머니께서 어디 가서 내놔도 부끄럽지 않은 손자가 되겠습니다.

기도 열심히 하며 노력하겠습니다.

할머니 꼭 오래오래 건강하게 사십시오."

난 네가 대통령이 아니라 이웃을 사랑하고 사회에 필요한 사람이 되기를 기도한다

어서 말해 보렴

찡그리지 말고 말해 보렴
너의 슬픔이 무엇인지

말해 보렴
네 방황의 끝이 어디인지….

망망한 바다 저 멀리
꿈을 좇아가는 너의 자태는 한 마리 귀여운 갈매기 같구나

엄마 빨리 와요

30년 전 신대방동 롯데백화점 뒷골목 그곳에 가면 뼈를 우려낸 구수한 국물로 끓인 칼국숫집이 있었다.

칼국수를 좋아하는 엄마와 함께 칼국숫집을 가다 보면 엄마는 언제나 뒤에서 느릿느릿 걸어오셨다.

"엄마, 빨리 와요."

걸음이 느린 엄마를 가게 문 앞에서 기다리면서 인상을 찌푸렸었는데 지금 내가 걸음을 늦게 걷던 엄마 나이가 되었다

거실에서 보이는 성당 주차장 700M 되는 거리를 걷기 위해 화창한 봄 날씨에 패딩 코트와 울 스웨터를 입고 나간다

같이 걷기 시작한 이들이 날 앞질러간다. 내가 반 바퀴 돌 때 그들은 한 바퀴 돌고 또 나를 앞질러 간다. 용을 쓰고 보폭을 크게 몇 발자국 뗀다

숨이 찬다.

다시 내 걸음으로 걷기 시작한다.

오늘따라 빨리 못 걸으신다고 신경질을 내는 딸의 신경질을 고스란히 받으신 어머니가 자꾸만 눈에 밟힌다.

삶

남을 위한 것인가
나를 위한 것인가
팔십 평생을 살고도
삶이 무엇인지 모르겠다
그래서 인생은 한층 고독한가 보다

거리에 오고 가는 많은 사람들
무엇이 그렇게 그들의 걸음을 재촉하는가?
인생의 허무함으로 방황하는 난
오늘도 삶의 길을 잃는

아무도 알지 못하고
나 자신도 알지 못하는

Part 4

이 또한 사라지리라

마른 가지들에 새 잎이 돋으며 온 천지는 푸른 동산
오월 가면 유월 떠나고 칠월 또 팔월 ….
이 또한 사라지리라.

엄마냐, 맘충이냐

"6년 개근해야지"
열이 있는 아들을 업고 학교에 갔다
웅변 학원, 태권도장, 그림 학원, 수영장, 피아노 학원… 쉴 새 없이 시간을 쪼개며 아이를 다그쳤다
열심히 한 만큼 결과는 일등이라는 상장을 안겨 주었다. 세상이 반짝반짝 빛나고, 주위 엄마들의 부러움을 사는 엄마로 우쭐했다.

중학교 2학년 때부터 머리가 아프다고 했다. 웃음이 사라지고 책을 들고 있는 시간보다 멍하니 앉아 있을 때가 많았다.
대학 시험에 낙방하고 재수를 해서 대학에 입학하자, 아들은 큰소리치기 시작했다.
"공부, 공부, 노래 불렀잖아. 붙어 주었잖아."
나 할 일은 여기까지라는 듯, 모양 내고 자가용 몰고 다니고….

고기를 잡아 주지 말고 고기 잡는 법을 가르쳐 줬어야 했는데… '난 맘충이 엄마'라고 오늘도 자조한다.

'엄마는 그렇게 하는 게 사랑인 줄 알았단다.'

엄마의 얼굴

핸드폰으로 내 얼굴 사진을 찍는다
바로 보고 찍기도 하고 옆으로 보고 찍기도 한다
눈을 크게 하고 찍기도 하고 웃고 찍어도 본다

앨범에 저장된 완전한 할머니!
아! 내가 어쩌다 이렇게 노인의 얼굴로 변했나

백운 호수 근처에 있는 커피를 잘 볶는 커피숍
"어제 셋째 이모가 약식을 갖고 왔는데 마중 나간 엄마를 보더니, 91세에 돌아가신 우리 엄마보다 언니가 더 늙어 보이네."
딸이 이모 말을 전했다
"할머니가 더 늙으셨지, 어디다 엄마를 비교해?"
딸의 흥분과 응원에 기분이 좋아졌다

거울 앞에 서서 자세히 내 얼굴을 들여다본다
 흰머리 가에 부석부석 부은 얼굴, 웃는 건지 우는 건지 알 수 없는 씁쓸한 표정

 "염색을 할까? 좀 젊어 보이게?"
 "엄마, 염색하지 말고, 지금 이대로 좋아."

 오늘따라 '늙음에' 대해 가슴 아파하는 내 자신에 실망했다

당신의 마음

당신의 마음은 바다처럼 모든 걸 품에 안을 수 있는 넓은 마음인가
밴댕이 소갈머리같이 좁은 마음인가
내 마음 가는 길
작은 마음 상처에도 밤잠 설치네
십자가에 매달려 돌아가시면서
죄인들을 용서하신
예수님의 마음 닮고 싶어라

길

열 달 동안 엄마 뱃속 탯줄에 매달려 있다가
탯줄을 끊고
세상 밖으로 나왔다.
아장, 아장, 뒤뚱뒤뚱
넘어지며 걸음마 연습을 했다

언제나 삶은 두 갈래길이 있다
가도, 가도 또 가야 하는 길,
돌부리에 채어 넘어지기도 하고
힘이 들면 울음을 터트리기도 했다
꽃들이 만개한 길을 걸을 때는 웃음꽃을 피웠고,
빗길을 걸을 때는
빗소리에 젖어 깊은 사색에 젖으며 걷기도 했다
언제부터인지 '호불호'을 느끼게 되었다
그 길은 마음 길이었다
맞잡은 손에 따뜻한 온기가 느껴지는 사람에게는 마음

이 가고,
　두 눈에 사랑이 없는 사람에게는
　마음 길이 닫쳐 버렸다.

　이제 세월이 흘러 걸어온 막다른 골목길
　그동안 걸어온 마음 가는 길을 뒤돌아보며 깊은 고뇌
의 밤을 밝힌다

에덴의 동쪽

다시 계속해야만 하는 삶이라면,
지금은 그냥 살고 싶다

먼 훗날
에덴동산에서 기다리는 임을 만나면
슬픈 얼굴은 떠나보내고 웃으며 살고 싶다

살아간다는 건 괴로움이다
어떻게 살아가야 하는지 방향을 잃고 헤매고 있다

꿈이 아롱진 에덴동산으로
한 마리 파랑새 되어 날아가고 싶다

오늘밤 또 에덴동산을 찾아서
훨훨 날아다니리라

오늘 하루

창밖으로 보이는 걷는 사람들
겨우내 추워서 웅크렸던 마음을 펴고
햇빛이 따사로운 봄 날씨 등산화를 신고 나섰다
산등성이에 오르는데 숨이 차고 몸이 휘청거렸다
창밖으로 걷는 사람들을 부러워하던 나도
헬기장까지 올라가
잠시 쉼터 의자에 누웠다
눈앞에 먼 하늘이 열리고
파랗게 솟아난 참나무 잎새가
봄바람에 하늘하늘한다
까마귀 두 마리 제집 찾아가는지 바쁘고
여기저기 피어있는 진달래, 개나리꽃
깊은 숨을 들이마신다

아! 이 편안함
만물의 주관자이신 하느님 선물!
내려오는 발걸음이 가볍다

그런 사람 있으면

여럿이 아니라도 좋다
내 얘기를 들어주고 외로울 때 만나고 싶어지는 친구,
한두 사람만 옆에 있다면
난 행복한 사람이다

유안진 시인이 오래전에 쓴 〈지란지교〉란 시를 그녀에게
보냈다
2년 전 글 공부방에서 우연히 만난 그녀
내가 쓴 글을 읽어주고, 교정을 봐 주는
그녀의 수고와 격려로 작년에 수필집을 낼 수 있었다

연말이 며칠 남지 않았는데, 해를 넘기기 전에
그녀를 만나
그동안 쌓인 얘기, 글 쓰는 얘기, 사는 얘기,
하고 싶은 말이 많은데….

그녀를 만나는 날은 새로운 느낌

젊음인가?
남다른 매력?
웃음꽃이 핀다

명품시계

    거실 시계는 11시 25분, 내 손목시계는 2시 30분
    유럽 여행 갔을 때 스위스 제네바에서 거금을 주고 산 명품시계
    손목 팔이 골절되어 2년간 금고 속에서 지내서인가
    어떤 날은 거실 시계보다 빨리 가고
    어떤 땐 늦게 가는 명품시계
    누가 시간을 물어보면 난처하다

    언젠가는 명품 시계로 돌아오리라는 강한 믿음으로
    잘 때도 차고 잔다

오묘한 하느님의 선물

진달래, 개나리꽃들이 아직도 겨울바람의 흔적이 남아 있는 산
이곳저곳에서 자기 자태를 뽐내고 있다
며칠 전에 올라왔을 땐 새순이 돋아나고 있었는데…
새로 칠을 한 쉼터 의자에 앉아 관악산 쪽을 바라본다
내년에도 이 친구들과 산의 정취를 즐길 수 있을까?

산에 꽂혀 있는 가지 하나 하나에도 새순을 품고 뻗어있다
자연의 변화 앞에 초라해지는 자신을 보며
다시 힘을 모은다
'나 아직 견딜 만해.'

이 봄에도
선물을 주신 하느님께
찬미 노래 부르며 하산을 했다

이 또한 사라지리라

매서운 겨울바람에 숨죽이고 있던 생명체들이
살랑살랑 봄바람에
'나, 여기 있어'
울긋불긋 꽃잔치 벌였지

마른 가지들에 새잎이 돋으며 온 천지는 푸른 동산
4월이 가고 빨간 장미가 만발한 오월
오월 가면 유월 떠나고 칠월 또 팔월 ….
이 또한 사라지리라

유한한 시간 속에 남겨진 건 '무無'

이웃집

큰딸 내외가 왔다.
현관문을 열고 들어오며 사위가 말했다.
"어머니, 앞집이 비어있어요. 이사 갔나 봐요."
'처음 이사 온 날도 이삿짐 차는 오지 않고 잠바 입은 남자가 여행 가방 두 개를 들고 왔었는데…'
이사 왔다고 케이크를 사다 놓고 갔다는 얘길 듣고 인사차 벨을 눌렀다.
들어오라는 인사도 없이
"우리 애들이 방학이 되면 미국에서 와요."
묻지 않는 소릴 했다.

골프 가방을 메고 다니는 멋쟁이였다.
아이들은 한 번도 오지 않았다.
그녀는 소리도 없이 떠났다.

이상한 이웃집?
혼자 상상을 하며 웃었다.

소풍

친구야, 인생 소풍 어제 끝냈지?
참 어려운 시련 잘 견디고 살아온 네 삶이었는데
2월 9일 네게 보낼 생일 카드는 코로나 때문에
외국가는 편지는 보내지 못 한다고 해서
아직도 서랍 속에 있는데
인생 소풍 나왔다가 집으로 돌아갔구나
천국 주소로 보낼까?
60년 동안 변함없었던 너와의 추억에 밤잠을 설친다

내 소풍 끝나고 우리 다시 만나자,

인연

한강 모래알보다 많은 사람들 속에서 맺은 인연
웃으며 행복했던 시간보다 닥쳐오는 근심 걱정에
시름에 잠겨 우울했던 시간이 많았던 세월
참고 살았는데
더는 못 참겠다고 마음이 아우성을 치네
인생살이 고뇌라고 삶이 말해주네
봄이 오고 여름 가면 가을 오고 겨울 오네
세상살이 그렇게 흘러가는 거야
세월의 흐름 속에 맡기며 살아야지

Part 5

한강을
노래한다

한강을 노래하고 싶은데 쇠잔해 버린 마음안에 노래가 남아 있을까?
아직도 그 꿈을 버리지 못하고 한강을 바라본다.

조팝나무에게

산책길에 만나는 조팝나무
찬바람에 옷깃을 여미며 걷는데,
숲 가장자리에 활짝 핀 하얀 꽃송이들
들꽃처럼 가냘프고 여린 모습으로
추위에 맞서 꼿꼿하게 서있는 모습이 신기했지

계속된 영하의 날씨에 잎들이 창백했지만
오늘도 꽃들은 여전히 생생하다

조팝나무 너마저 추위에 고개 숙이면
그때는 가을을 보내리라

코스모스 찬가

너의 고고함
너의 수수함이 푸른 하늘 아래 하늘하늘 예쁘다
어떤 땐 서글픈 소녀상 같다가도
빨강, 하양, 분홍이 색색의 조화를 이룰 때는
소녀의 청초함 같구나

널 닮고 싶어

한 장의 사진

"할머니, 우리 엄마에게 하실 말씀 있으시면 저한테 하세요. 제가 듣고 여과시켜서 전해 드릴게요."

노파심에서 한 여러 얘기들을 들을 때마다 스트레스로 받아들인 모양이다

손자는 23세 항상 어린 손자인 줄 알았는데….
할머니한테 충고를 한다.
어른들의 얘기는 꼰대 소리라는 걸 그걸 몰랐구나
말을 줄이고 지내니 서로가 편하고 좋은 것을….
이제 설 자리를 찾아 나잇값을 하면서 살아가야지

손자 다섯살 때 할머니 손잡고 찍은 귀여운 사진이
내 책상 위에 놓여 있다
그때가 나의 행복시대 미소가 절로 떠오른다

한강을 노래한다

마포 종점 골목길을 올라가면 옛날에 살던 우리 집이 지금도 있을까
사업을 접은 동생은 날마다 한강을 헤엄쳐서 건너갔다가 돌아왔다
오늘 406번 버스를 타고 한강다리를 건너 보니 한강의 강폭은 넓고 길이도 길다

그때는 작은 돛단배가 유유히 노는 고요한 강이었는데 지금은 강변 따라 하늘 높이 치솟은 아파트 군락이 강을 에워싸고 있다.
빛나는 물빛을 보며 한강을 노래하고 싶은데
쇠잔해 버린 마음안에 노래가 남아 있을까?

아직도 그 꿈을 버리지 못하고 한강을 바라본다

상처

파란 신호등이 깜빡깜빡

빨간 신호등으로 바뀌려는 찰나

횡단보도를 급히 건넜다

가쁜 숨을 몰아쉬는데

도로 블록 모서리에

구두 한쪽이 끼여 중심을 잃고 넘어졌다

무릎이 까지고 피가 났다.

며칠 지나 상처는 아물고 새살이 돋았지만

별일 아닌 듯했던 일들로 상처를 받는다

상처는 치유되지 않고 차돌이 되어

가슴속 깊이 자리를 잡고 머리를 든다

누이의 그림

연분홍 얼굴에 회색의 달이 드리워
누이의 인상은 회의의 그림이었다
그 연분홍 얼굴에 미소를 아로새겼더니
누이의 인상은 고운 그림이었다

눈짓을 돌려
송곳처럼
너의 회의는 무엇이지?
사람은 왜 사는지?
그때 누이의 인상은 슬픈 그림이었다

귀로에서
네 이름을 불렀을 때
누이의 인상은 밝게 빛나는 소녀였다

누이야, 아예 이런 슬픈 전설을 만들지 마라

눈물이 난다

코로나19로 집에 있는 시간이 많아졌다
무료함을 〈미스터 트롯〉의 가수 노래 듣는 걸로 시간을 보낸다.
「어느 60대 노부부 이야기」 노래

"여보, 그 먼 길을 나 혼자 두고 가려 하오?"
"잘 가시게"

눈물이 볼을 타고 흐른다.
「보랏빛 엽서」라는 노래를 들으며 또 운다.
지나간 세월 비켜감에 아쉬운 마음인가?

대구에 있는 엄마를 7개월째 못 봤다고 엄마를 그리워하며 눈물을 닦는 가수를 보며, 볼을 타고 내리는 눈물을 닦는다.
세월 탓인가?

눈을 떠요

 강남 번화가, 높은 빌딩 5층
 안과 전문의로 종합병원에서 존경 받던 선생님이 개업한 병원
 좋은 의술을 가진 선생님
 인품이 남달리 겸손했던 선생님
 환자들의 존경을 받으신 분

 최신 장비에 화려한 시설
 세련된 맵시를 갖춘 미모의 젊은 여성들
 최신 장비와 호텔 같은 화려한 내부에 기겁했다

 저렴한 비용으로 눈을 떠야 세상을 볼 수 있는 어려운 이웃들의 아픔
 돌아오는 발걸음이 무거웠다

임을 기다리는 밤

누군가를 기다린다

누구인지

그도 나를 그리워하는 것 같다

이 밤엔 오려나…

기다림에 지친 밤!

마음은 정처 없는 길을 헤매며 그를 찾아다닌다

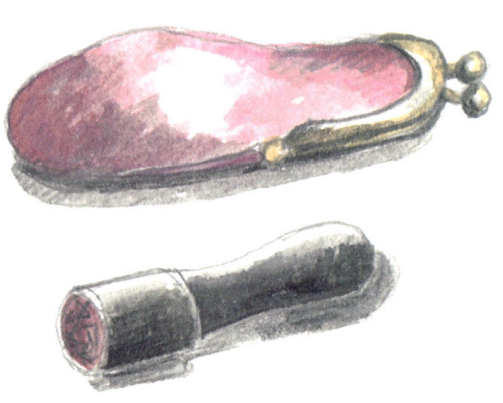

당신의 도장

 은행에 다녀온 당신. 가방을 뒤져도 도장이 안 나온다 은행에 전화를 걸었다.

 도장은 밤중에야 가방 속 동전 주머니에서 나왔다.

 나이 서른에 신혼여행을 설악산으로 갔다. 설악동 입구 비선대. 그곳은 동굴 속 같은데 장사하는 가게가 있었다.

 삼십 년 전에 설악동 바위굴 속에서 2천 원을 주고 산 도장. 상아 도장도 필요 없고 플라스틱 재질의 이 도장만이 손안에 들어왔다.

 33년을 사용하고 있는 도장에 정이 흠뻑 들었다.

 얼마 전 명품 가방, 보석을 세 아이들을 불러 놓고 다 나누어 주고 도장은 내가 가졌다.

 "하늘나라에 갈 땐 이 도장 어떻게 해?"

 "뭘 어떻게 해? 버리고 떠나야지."

 "안 돼. 네가 내 마지막 가는 길 오른 손바닥에 꼭 쥐어줘."

당신 숨지 말아요

때가 되었어요
부부로 연을 맺은 지 오십 년
여기저기 아프네요 자주 가는 곳은 병원
약 주세요 주물러 주세요.
서로를 부르는 소리, 귀 따가워요
난 다 알아요. 당신의 눈이 말하고 있어요
고마워요, 미안해요, 사랑해요
고맙고 옆에 있어 든든했다고요
당신 목소리로 "여보, 사랑해요, 고마워요, 당신을 아프게 한 일들 정말 미안해요."
듣고 싶네요. 당신 진심이 담긴 마음의 소리를
나도 당신에게 살갑게 대하지 못하고, 사랑한다는 다정한 말 한마디 건네지 못했네요.
이제 우리 노력해요. 사랑했다고…

아네스 안녕

"엄마 어떠셔?"
"혼수상태예요."

아들은 감정이 없는 목소리다.
노래방에서 아네스와 둘이 「당신의 마음」이라는 노래를 자주 불렀다. 언젠가부터 아네스가 말을 어눌하게 했다.
"아네스, 말을 똑똑하게 해." 점점 말소리가 알아듣기 어려워졌다. 병원에 입원해 종합 검사를 받았으나 원인을 찾지 못했다. 혀가 말려드는 이상 징후까지 보였다. 한방에서는 '화병'이라고 약을 지어 주었다. 아네스는 맞다고 하며 한약을 열심히 먹었으나 증세는 점점 더 심해졌다.

얼마 지나 루게릭병이라는 진단이 나왔다. 아네스는 배에 구멍을 뚫고 그리로 유동식을 넣는 요법으로 나날을 보내며 투병 생활로 지쳐 갔다.
환한 웃음으로 항상 명랑했던 아네스

옷맵시가 멋졌던 아네스
점점 온몸이 굳어졌다.
침대에 누운 환자가 되었다.
말도 못하고 두 팔, 두 다리가 구부러진 상태로 굳어 있는 참혹한 모습이었다.

문병 간 날 움직임이 없는 두 눈으로 날 쳐다보았다.
"아네스, 나야." 날 알아보는지 빤히 쳐다보았다.

돌아오는 길에 하느님께 물었다.
"착하고 선한 아네스에게 왜 그렇게 혹독한 병을 주셨어요?"

"나의 아들 예수도 십자가 고통을 받으며 죽었다. 아무 죄도 없이, 너희 사람을 구해주려고 내가 보낸 내 아들이다."

Part 6

나무들의 합창

'한 사람은 힘이 약하지만 두 사람이 서로 기대고 의시하면 강한 힘이 나오지.'
삶이 힘들고 또 힘들어도 두 사람의 힘이 합쳐질 때 이겨낸다는 진리를 터득한 하루였다.

나무들의 합창

산새들이 잠든 밤
정령들이 하나 둘, 모여든다
온갖 산천초목, 무생물의 혼령들까지 모여든다
제일 듬직하고 나이테 굵은 소나무 전령이 무겁게 입을 열었다
"여러분, 내 말 잘 들어 보시오. 내일은 영하 18도 강추위가 온다오. 게다가 태풍을 동반한 바람이 우리 쉼터인 숲을 강타해 지나간다오. 대책을 세웁시다."
의견들이 분분했다
나무 잎새들을 모조리 훑어가버릴 강한 바람, 몸을 지탱하기 힘든 추위
꼿꼿이 서있던 소나무가 입을 열었다
"난 버틸 수 있소. 내 굵을 가지들은 태풍이 몰아쳐도 추위에도 얼어붙어 죽지 않을 힘이 있소."
단풍나무가 부르르 몸을 떨며 숨이 막히는 가는 소리로 말한다
"난 자신이 없소 지난봄에 새로 올라온 연약한 가지들

을 감싸주어야 하는데 힘이 달린다오."

아까시 나무는 한들거리며 말했다

"난 걱정 없소. 바람 부는 대로 흔들거리면 되지요."

잠자코 듣고 있던 대장 소나무가 말했다

"서로 서로 가지를 엮읍시다. 혼자 바람을 막는 것보다는 같이 뭉쳐서 싸우는 게 나을 것 같소."

숲속 맨 구석에서 훌쩍훌쩍 우는 소리가 났다

이름 없는 풀잎을 단 잡초들

당신의 하늘나라

누가복음 17장 21절
"하느님의 나라는 너희 가운데 있다."

믿음의 생활은 하늘나라에 가는 길이라 열심히 기도하며 살았다

언제부터인가 욕심을 내려놓고 빈 마음이 되면서 이웃들이 보였다

먹을 물을 구하러 4시간씩 걸어가는 아프리카 난민들, 아파도 병원에 갈 여유가 없어 큰 눈망울을 굴리며 울지도 못하는 소년·소녀들 그걸 보고 슬퍼하는 엄마들

열심히 기도하며 하늘나라에 가는 꿈을 키우던 어느 날, 나눔을 하기 시작했다

기쁨이었다. 생전 느껴보지 못한 보람이었다

옆에서 지켜보던 당신

"당신 천당에 가려고 나눔을 열심히 하는 거지?"

'천당을 생각한 적이 없는데.'

좋은 이웃들과 웃음꽃을 피우면 그날은 '하느님의 나라'에 있는 것이다

남을 험담하고 질투하는 날은 악마의 손에서 놀고 있는 것이다

영과 육이 분리되어 영이 하늘로 훨훨 날아가는 게 아니라 매일 하느님의 나라에 살고 있음을 당신이 알게 되었으면….

당신의 자서전

470 페이지의 당신의 자서전
책상 위에서 낮잠 자고 있는 지 3개월
당신의 성장 과정에 관한 상세한 기록에 감탄
당신은 학계에 명성을 날린 교수였고, 강원도 어느 대학 총장을 지냈고, 정계에 입문해서 요직 관직 자리에서 나라를 위해 헌신한 애국자요, 학자인 당신
존경했지요
한 손으로 들지도 못한 책을 받고 두려웠어요
당신은 훌륭한 일생을 존경받기에 충분했던 분
이생을 하직하며 뭔가 발자취를 남기고 싶으셨나요
떠났을 때 내 발자취는 남은 자들의 몫

어떻게 하나요.
낮잠 자고 있는 당신의 자서전

너는 너, 나는 나

봄이 오는 소리 들리는데
웬 눈인가
어디로 가야 할지 모르는 마음이 창밖 눈발을 본다
눈 온다 소리치며 웃고 싶은데 사람이 없네

하얀 면사포 쓰고 같은 길을 걸어가자고 맹세했지

이 밤 슬프다
펑펑 내려라

너는 너, 나는 나,
다른 꿈을 꾼다

가을

엷은 애수가 온몸에 스며든다
낙엽이 우수수 떨어지는 길을 걷는다
어디로 가는지 걷고 걸으며 길을 헤맨다
가지에 매달린 잎들은 어느새 칼바람에 날리고
겨울이 소리를 낸다
봄을 깨우는 전령들의 부르는 노래
지난날의 앙상한 나뭇가지를 흔든다
마음을 짓누르는 정체는 무엇일까?
지향 없는 길을 헤매며
노래한다
내일이 온단다

선물

　코로나19 확진자가 1000명을 넘자 매스컴은 연일 '방콕'을 해야 한다고 방송을 했다.
　'방콕' 10일째
　은행에 볼일도 있고
　새해가 오기 전에 만나고 싶은 동생 같은 친구도 볼 겸 굳게 잠긴 방콕의 자물쇠를 해제한다.
　미세 먼지 없는 파란 하늘
　따뜻한 햇살
　오고 가는 사람들
　이 모든 것이 가슴 벅차게 새롭다
　평범했던 일상이 기쁨으로 다가온
　'방콕'이 가져다 준 선물

　아파트 주차장 둘레 길을 걸으며 고목이 되어 스산해진 나무들을 보며 말했다
　'새 봄이 오면 추위 속에 움츠리고 있던 가지에 잎이 소생하고 겨울을 이겨낸 기쁨을 노래하겠지. 난 걷는 것

이 더 굼뜬 한 살 더 먹은 할머니가 되어 있겠지만?"

　　그래도 선물 같은 흐뭇한 하루였다
　　느릿느릿 걷는 걸음으로 방콕 해제 후 7천 보를 걸었으니….

그래도

갑자기 종아리에 쥐가 났다.
침대에서 끙끙거리다가 핸드폰으로 남편을 찾았다.
"빨리 들어와요. 다리에 쥐나서 꼼짝 못해요."
급하게 사무실에서 달려온 남편이
다리를 한참 주물러 주고, 제놀 파스를 붙여 준다.
통증이 가라앉았다.
아프다고 자식을 부르면 달려올까? 그래도 남편밖에 없다.

행복마당에 스님이 신도들을 모아놓고 신도들의 고민을 상담했다
어떤 불자가 스님께 질문을 했다.
"남편이 술 마시고 들어오는 밤은 고래고래 소릴 지르며 욕을 하고 술주정을 해요. 저를 무시하더니 요새 바람이 났어요. 기도하는 법을 알려 주세요."
스님이 말했다.

"이혼하세요, 가망이 없는 남편이네."

"이혼하려면 재산도 나누어야 하고, 복잡하지요. 그냥 참고 살아야지요."

"남편이 '그래도' 옆에 있어야 든든하지요."

스님도 웃고 질문한 불자도 웃었다.

길

열 달 동안 엄마 뱃속 탯줄에 매달려 살다가 탯줄을 끊고 세상 밖으로 나오며 "으앙" 큰 소리로 울었다

세상 밖으로 나왔더니 내 앞에는 두 개의 길이 놓여 있었다

아장아장, 뒤뚱뒤뚱 넘어지며 걸어갔다. 점점 큰길을 만나게 되었다. 그 길은 가야 할 길이 얼마나 남았는지, 가도, 가도 또 가야 하는 길, 돌부리에 채어 넘어지기도 하고 힘든 때는 울음을 터트리기도 했다

꽃들이 만개한 길을 걸을 때는 웃음꽃을 피웠고, 빗길을 걸을 때는 빗소리에 젖어 깊은 사색에 젖기도 했다.

그 길은 마음의 길이었다

온기가 느껴지는 사람

두 눈에 사랑이 가득한 사람

세월이 흘러 시간이 왔다

걸어온 길은 막다른 골목길

마음 길은 고맙고 사랑스러운 길

걸어온 길, 마음 따라온 길을 뒤돌아보며 깊은 고뇌의 밤을 밝힌다

낙타는 사막을 걷는다

 현관문 열고 밖으로 나가 보지 않은 지 일주일째
 코로나19 확산으로 집 안을 환기시키기 위해 거실 문을 활짝 열어 놓고 기도를 한 시간 바쳤다. 이내 코맹맹이소리가 나며 몸에 한기가 들었다
 집콕의 하루는 참 길다
 FM 라디오를 틀어 놓고
 신문을 보기도 하고
 영성 책을 읽다가 졸기도 하지만

 실크로드 우루무치에 들렀을 때 만난 낙타
 등에 지방을 간직한 혹 모양의 육봉으로 사막의 허기를 견디고 콧구멍을 자유롭게 여닫으며 뻑뻑한 속눈썹으로 모진 모래바람을 감내하는 순하디 순한 짐승.
 낙타는 홀로 걷는다. 낮밤을 가리지 않고 어디선가 나타날 오아시스를 찾아 떠난다. 사막 한가운데에 샘이 솟아 대상들의 휴식이 되는 그곳은 삶의 위안이 되는 장소

이다.

  이 무료함을 벗어나기 위해 난 오늘밤 낙타를 타고 사막을 걸어 보고 싶다.

  어딘가에 있을 나만의 오아시스를 위해서….

과천서울대공원 벚꽃놀이

　집콕 생활만 했다가는 점점 걷는 데 자신이 없어질 것 같아서 용기를 내어 방배 지하철역까지 왕복으로 걷다 보니 자신이 생겼다
　대공원에 가면 만개한 벚꽃을 볼 수 있을 것 같아 길을 나서기로 했다
　오랜만에 두 사람만의 오붓한 벚꽃 구경을 하고 맛있는 저녁까지 먹겠다는 꿈은 수포로 돌아갔다.
　콩나물국에 밥을 말아 먹으며 혼잣말을 한다
　'꿈꾸지 마, 너무나 멀리 와 있어.'
　그 옛날 사랑한 적이 있었을까?
　감성이 메말라 버린 허우대만 남은 두 사람
　그래도 아직 같이 가야 할 길이 남아 있는 거겠지요?

날 봐요

아파트 입구에 놓여 있는 가마솥 솥뚜껑처럼 큰 화분이 두 개

옛날 대갓집에 있었을직만한 된장 간장 항아리 뚜껑이었을까

화분에 봄이면 꽃들이 다투어 핀다

채송화 봉숭아 나리꽃 민들레 팬지꽃…

서리가 내리면 꽃대는 휘어지고 떨어진 꽃잎들만 화분에 쌓인다

꽃잎을 이불 삼아 겨울을 지내고 봄이 오면 다시 꽃들을 피워 올려 오가는 사람들에게 기쁨을 준다

'요새 코로나로 봄나들이 못 가고 우울하지요? 우리도 세찬 바람 눈보라 속에서 죽은 듯이 있었지요 그래도 봄바람이 불면 우리들의 세상이 오지요'

당신들에게 사랑 받는 예쁜 꽃들은 향기로운 꽃 냄새로 속삭인다

"당신들에게도 오고야 말 그날을 위해!"

너 거기에 왜 있니

아파트 주차장에 설치되어 있는 도서 책꽂이

주민들이 내놓은 책들이 꽂혀 있다 어려운 전문 서적이나 10년을 갖고 있어도 안 읽히는 책들이 그 대상이다

오늘도 책꽂이 앞을 지나다 낯익은 책 제목에 시선이 머문다 나의 첫 수필집 『짝사랑은 이제 그만』순간 책을 서가에서 뽑아 손에 들었다

아, 누군가에 버림받은 느낌 기증자의 이름이 없다 책의 먼지를 털고 책을 안고 아파트로 들어왔다

'누군가 잘 읽고 또 다른 사람이 읽기를 바라는 순수한 마음으로 책꽂이에 꽂아 두었겠지'

서운했던 마음을 그렇게 달랜다

내 방 책꽂이에 20년째 읽히지 않는 누렇게 바랜 책을 뽑아들고 첫 장부터 다시 읽어 본다

이번에도 안 읽히면 주차장 책꽂이에 꽂으리라

새로운 임자가 나타나 읽힌다면 행복해 하지 않을까?

Part 7

사랑은
눈물의 씨앗

사랑이 있기나 하나?
어떤 게 사랑일까"?
팔십 년을 살았는데 난 아직도 사랑을 모르겠다.

눈이 왔어요

어젯밤에 살랑살랑 눈이 내리다 함박눈이 왔어요
눈꽃으로 뒤덮인 설경이 하늘나라처럼 보이네요
생각났지요 국민학교 다닐 때가
눈만 오면 친구들을 몰고 우리 집 안방에서 엄마, 아빠 놀이를 했어요
난 언제나 아빠였지요 엄마 구루무 뚜껑으로 눈빵을 만들어 먹고, 처마밑에 달린 고드름은 아이스케이크라고 우적우적 깨물어 먹으며 웃음꽃을 피웠지요

보고 싶네요, 소꿉놀이하던 친구들
모두 어디에 살고 있을까요
겨울을 나느라 옷을 다 벗어버린 나무 위에도
아파트 지붕에도
도토리 줍던 산길에도
온 천지가 하얀 눈꽃으로 덮여 있어요
가만가만 노래 불러요
"눈이 옵니다. 산에도 들에도"

어떤 오해

저녁 준비를 하고 있는데 당신이 날 불러 세운다
자기 앞에 앉으란다
남녀에 관한 문제니까 진실하게 대답해야 한다고 자못 심각한 표정이다
"요즈음 당신 밤 외출이 잦은데 누구를 만나는 거요?"
"만나기는 누굴 만나요. 당신 자는 동안 시장도 보고 걷기 운동도 하지요."

4년 전부터 조짐이 보였다. 밖엘 나가면 집을 못 찾아 치매 초기로 진단을 받고 약을 먹다 보니 치매 진행은 더디게 되는데 밤낮이 뒤바뀌었다.
낮에는 자고 밤에는 깨어 있는
밤낮이 바뀐 데서 오는 어떤 오해

당신 왜 이래요

406번 버스를 타자 금방 잠이 들었다

막내딸과 12시에 명동 롯데백화점 앞에서 만나기로 했다

눈을 뜨니 신세계 백화점 정류장

다음 롯데백화점 앞 차가 멎자 서둘러 내렸다

손에 걸치고 있던 버버리 코트를 버스 의자에 걸쳐 놓고 내린 걸 알고 당황했다

'이를 어쩌나. 막내딸이 사준 코트인데'

딸을 만나 차에 옷을 두고 내렸다는 얘길 했더니 얼굴을 찡그렸다

시켜놓은 중국 요리 맛도 제대로 못 느끼며 406번 버스 차고에 계속 전화 통화를 했다

롯데백화점 앞에서 내린 시간과 코발트색 코트라고 말했다

한참 있다 차고 책임자에게서 옷을 찾았다는 전화가 왔다

406번를 타고 용산 서울역 용산 한강 반포로 해서 개포동 차고에 갔더니 내 코트가 걸려 있었다
고맙다는 인사도 못하고 코트만 들고 나왔다
나잇살이 들어가면서 졸다가 차에 옷을 두고 내리는 나에게
"정신 차려요, 차 타면 졸지 말고."

당신에게

 어느 날 지하철에 내려서 집으로 걸어가는데 육십 세쯤 돼 보이는 허름한 옷차림의 아저씨가 내 앞을 막았다
 J 신문 구독 신청을 해달라고 사정을 했다 구독을 결심한 건 그 신문에 가끔 실리는 「마음 산책」의 당신의 글 때문이었다 과거에도 당신의 글이 실린 지면은 오려 보관할 정도로 사람 내면을 심도 있게 그리는 당신의 글에 공감하고 순수한 깊은 성찰에 감동하곤 했다

 갑자기 어제 유튜브 채널에 올라온 당신을 향한 댓글에 놀랐다 남산타워가 바라다 보이는 전망 좋은 곳에 위치한 당신의 저택
 당신은 '무소유'를 말해온 하버드 출신 미국인 승려로 '마음치유학교'를 운영하며 아픈 사람들의 상담자로, 치유자로 존경받고 사랑받던 분이지 않은가
 모든 활동을 중단하고 승려로서 참회 수행의 길로 가신다는 당신!

며칠 전 신문에 실린 당신의 글, '왜 인간은 자기 모순적일까?' 그 글이 당신의 내면의 소리였던 것 같다

한때는 나도 마음치유 학교에 들어가서 치유 받고 싶었던 때가 있었는데, 뭔가 소중한 것을 잃어버린 것 같은 허탈감에 우울한 하루였다

긴긴 하루

어둠이 서서히 내린다
세상이 빛을 감춘다

뒷산에 산책 가는 길에서 만난 건너편 할머니
"집에 있다 걸으러 나왔어요"
오라는 곳도 없고 갈 곳도 없고
쓸쓸하고 자조적인 할머니 얼굴

온종일 생각만 하다 나도 걸으러 나왔다
한 집 두 집 불이 켜진다
밤 11시
아직도 불 켜진 아파트
대학 시험 공부하는 학생인가
긴긴 하루가 갔다

나도 자야지

만천홍에게

출판기념회 때 축하 화분이 여럿 들어왔다
화분들은 양지바른 사무실로 보냈다
늦게까지 꽃송이를 매달고 있던 만천홍이 마지막 꽃을 떨어뜨렸다
사랑을 주면 다시 꽃이 핀다는 말에 영양제를 꽂아주고 물도 촉촉하게 주었다
아침에 일어나면 먼저 사랑의 눈길로 만천홍으로 다가가고 잠들기 전에 다시 사랑의 인사를 한다

작년 가을에 우리 아파트에 시집온 만천홍은
잎만 무성하더니 꽃대를 올렸다
영양제를 듬뿍 꽂고 오늘도 만천홍에게 사랑의 눈길을 보낸다
언제쯤이면 앙증맞은 꽃을 피우려는지
이것이 오늘의 나의 행복한 아침의 소망이다

알려 주소서

알려 주소서,
주님 제 마지막 날을
시편 39:5
다윗이 인생무상을 노래한 시

몇 년 전 이천에 전원주택을 짓고 감자 심고, 배추 심고, 파 심고, 농사꾼이 되어 우리 열명을 초대한 날, 김 선생은 이랑에서 감자를 캐어 첫 수학이라고 우리들에게 나누어 주며 희열에 찬 미소를 띠었지
 "난 농사 일 끝내고 밭에 누워서 밤하늘에 무수히 떠있는 별들을 보면 행복해요."

지난 화요일 밤에 걸려온 전화
 "이천 집에서 김 선생님이 하늘나라로 가셨대요."
부인은 서울 딸네 집에서 손자를 봐주고, 김 선생은 혼자 이천 집에서 농사지으며 살았는데, 동네 어르신들과

코로나 주사를 맞고 밤에 잠자리에 들었는데 부인이 아침에 와서 보니 돌침대에 반듯이 누운 자세로 아무 움직임이 없었다는 비보를 접했지요

 항상 넉넉하고 사람 좋은 김 선생, 하늘 가는 길은 순서가 없다지만, 이 무슨 슬픈 소식인가요

 부검 결과 아무 이상을 발견하지 못했다고 하니, 자다가 심장마비나, 뇌출혈로 가신 것 같다는 결론을 내리고 장례 예절을 지내고 있답니다

 하늘나라에 가신 김 선생, 당신처럼 곱게 하느님 곁으로 가기를 소망합니다

 항상 성경을 옆에 두고 삶에 만족하며 살았던 당신처럼 하느님 곁에 그렇게 가고 싶습니다

 살날이 얼마인지 알려 주소서

어버이날의 선물

 아들 가족은 여수 디오션콘도로 5월 5일 휴가를 떠났다. 우리 내외는 큰딸이 예약한 현대 성우콘도로 휴가를 떠났다. 남편이 영월 단종 귀양지를 보고 싶어해서 먼저 영월로 갔다. 8년 전에 와본 영월은 그때와는 달리 많이 도시화 되어 현대식 건물에 안내소도 있고 전망대도 있었다

 그래도 동강을 건너기 위해 탄 배는 여전히 그 구식인 채였다

 단종이 머물렀던 어소는 먼 옛날의 아픔을 품은 채 적막하고 유배처의 울창한 송림은 애끓는 한을 노래하듯 어소를 향해 반 구부린 모양새로 엎드려 절을 한다

 한을 토해내는 듯해 가슴 저려왔다

 단종이 한양에 두고 온 왕비 송씨를 생각하며 여기저기 흩어져 있는 막돌을 주워 쌓아올렸다는 망향탑에서 바라본 한양은 어디인지 가늠이 되지 않는다

 조선 왕세자의 어린 시절을 엿볼 수 있는 역사관. 어린

세자와 더불어 왕실에서 즐겨하던 투호놀이 궁녀들과 깔깔거리며 웃는 동궁의 웃음 소리가 들리는 것 같다.

  장릉 유적지는 국가 명승 제75호. 한반도 지형이 강 가운데 떠있다. 지도는 푸른 나무로 온몸을 감고 "여봐라! 여기 내가 있다." 한다. 오천 년 역사를 묵묵히 지켜온 내가 있다. 강 한가운데 놓여 있는 한반도는 거대한 작품이다.

  콘도로 가는 길은 대로가 아니고 소로였다. 오가는 차량들도 보이지 않고 불빛도 없다. 우리 차만 컴컴한 길을 달린다. 좀 긴장되는 듯했으나 그런 느낌도 감각에 집중하게 해서 좋았다

  문득 몇 년 전에 돌아가신 어머니께 어버이날이나 생신 때 이십만 원씩 드렸던 생각이 났다. 그때는 그만하면 인사를 잘하는 걸로 생각했었는데, 내 나이 팔십이 되고 보니 그 때 예쁜 카드에 "엄마, 사랑해요."라고 쓰고 카드 속에 담아 드렸으면 엄마는 책상 위에 카드를 올려 놓고 매일 보시며 기뻐하셨을 텐데.

사랑은 눈물의 씨앗

노래 잘 부르는 '국민 손자' 가수는 진행자가 "사랑은 무엇이냐고" 묻자,

"눈물의 씨앗이지요." 거침없이 대답했다

요즈음 코로나19로 외출을 못하고 집에만 있는 무료함을 TV 조선 방송의 「미스터트롯」 가수들 노래를 들으며 시간을 보낸다. 노래 가사에 '사랑'이 빠지는 노래는 없다

노래를 들으며 생각해 본다

사랑은 존재하는 것일까?

사랑이 있기나 하나?

어떤 게 사랑일까?

팔십 년을 살았는데 난 아직도 사랑을 모르겠다

이십대 꼰대

3호선 지하철 노인석에 앉아 눈을 감았다

앞에선 삐닥하게 모자를 쓰고 서있는 젊은이는 형인 듯, 옆에 있는 동생에게 열을 내며 말을 했다

"그때 내가 꼰대 말을 들었어야 했어. 매일 밤을 새우며 게임에 빠져 학교에 가면 졸려서 엎드려 자느라 선생님 강의는 꽝이었지. 지금 후회해도 소용없지. 대학 졸업이 몇 달 안 남았는데 취준생으로 살아갈 앞날이 캄캄하다. 게임은 대학 들어간 후에 실컷 하고 공부하란 말이야."

동생은 귀찮은 표정으로 형 말을 귀담아듣는 것 같지 않다

60년 전에 교무실에 불려가 국어 선생님한테 충고를 들은 기억이 되살아났다

평소 작문 강의에 심취되어 존경하던 선생님이 교무실로 오라는 연락이 왔다. 선생님은 진지한 표정으로

"영숙이, 지금이 중요한 시기야. 공부에 몰두해야 해. 대학 들어간 후에 읽고 싶은 책도 마음껏 읽을 수 있어. 중요

한 시기를 허송세월하면 그 시간은 돌아오지 않아."

 왜 날 불러서 충고를 하시는지 이해가 안 되었고 얼른 그 자리를 피하고 싶었다

 이 나이 되어 그때 꼰대 선생님 충고를 귀담아들었으면 지금 내 인생은 어디쯤 있을까, 피식 웃음이 났다

 '꼰대' 나이가 이십대로 내려간 현실
 꼰대 말을 들어야 후회하는 인생을 살지 않는다는 걸!

이웃집 2

"전화번호 어떻게 알았어요?"
그녀는 심드렁한 목소리로 물었다

나이 오십 살이었을 때 앞집 살던 여자다
그때 큰애는 고등학교 2학년, 큰딸은 중학교 1학년, 막내는 초등학교 3학년
모두 학교에 보내고, 지쳐서 한잠 자려고 하면 어김없이 인터폰이 왔다.
"저예요. 커피 마시러 가도 돼요?"
"오세요."
그녀는 한 시간 가까이 모시고 사는 홀시어머니 흉을 봤다. 졸린 눈을 비벼가며 그녀의 얘기를 들었다

병원에 입원해 계시는 시어머니께서 위독하시다고 해서 문병을 갔는데 그날, 시어머니는 임종 기도를 바치는 동안 운명하셨다.

"전화번호 어떻게 아셨어요?"
수화기를 내려놓았다.

서라벌 다방

 내뿜는 담배연기에 다방 안은 항상 뿌연 연기에 젖어 있었다 대학 강의가 끝나면 친구 K와 명동 거리를 걸어 서라벌 다방엘 갔다 그곳에는 파이프에 담배를 채우고 쉴 새 없이 담배 연기를 내뿜는 공초 오상순 선생님이 자리하고 계셨다 테이블 탁자 위에 놓인 습작 노트에 그날 느낀 단상을 적었다 선생님은 담배연기를 계속 뿜어대며 글을 읽으며 촌평을 하셨다 내 글을 읽으실 때마다 너무 예민하다는 말씀을 하셨다

 그때 그 다방에는 구상 선생님, 고바우 김성환 화백, 시인 이근배 여러 문인들이 모여들었다
 선생님은 조계사 절 방에서 홀로 계시다가 훌훌 세상을 털고 이승을 떠나셨다 시를 쓰시지도 않고, 담배연기만 내뿜으시다 떠나신 선생님

 '진정한 자유로운 영혼'의 시인.

대학 2학년 때 선생님을 만났으니 60년 세월이 흘렀다.

명동을 걷기만 해도 낭만이 뚝뚝 묻어나던 그 시절

진정한 자유인으로 추앙받는 시인 오상순

그때의 서라벌 다방은 어디쯤에 있었을까? 무수한 인파들이 오고 가는 길목에서 서라벌의 자취를 찾는다

당신 천사가 데리러 오고 있어요

천사가 오네요

또 천사가 오네요

또 오고 있어요

또 오네요

오고 있어요

당신을 보며 오네요

천사 따라간 내 다정한 친구들

그래요

당신을 기다리고 있어요

새들이 지저귀고 온갖 꽃들이 향내를 풍기며

여기저기 모여 있는 사람들 웃음꽃을 피우고 있네요

기쁨과 평화와 행복이 가득한

하느님 나라